CE LIVRE
APPARTIENT A

“Je Suis un enfant TDAH : Avec des Super-Pouvoirs”

ISBN : 9798865519997

Chapitre 1

Les super-pouvoirs

Salut, toi ! Moi, c'est Kiki, **et devine quoi ?** J'ai un truc super spécial appelé TDAH. Et tu sais quoi d'autre ? Je suis maintenant une grande personne, mais mon TDAH n'a jamais décidé de partir en vacances, il vit avec nous pour toujours.

Mon cerveau, il court, il saute, il fait des pirouettes, bref, il adore s'amuser. Mais ça ne m'empêche pas d'être génial, au contraire, c'est comme si j'avais une équipe de super-héros dans ma tête. Alors, installe-toi confortablement, car je vais te montrer comment être un super-héros, même avec un cerveau qui aime courir partout. **Prêt ? Allons-y ! C'est parti !**

Alors, tu te demandes peut-être, **c'est quoi le TDAH ?** Eh bien, c'est un peu comme si notre cerveau était un peu plus actif et distrait que celui des autres. Il aime courir partout et explorer mille idées à la fois, comme un lapin énergique dans un champ de carottes.

Cela peut rendre certaines choses un peu plus difficiles, comme se concentrer en classe ou rester assis tranquillement. **Mais tu sais quoi ?** C'est un peu comme si notre cerveau était une fête de super-pouvoirs ! On peut penser super vite, comme Flash, ou avoir des idées aussi brillantes que les feux d'artifice.

Notre cerveau adore s'amuser en faisant des acrobaties mentales, comme un singe dans une jungle pleine de bonnes idées.

Parfois, c'est un peu difficile de rester assis sagement en classe, car notre cerveau est plein d'énergie.

Mais devine quoi ? Cela signifie que nous sommes les champions de l'aventure et de la créativité ! Alors, si tu as le TDA/H, considère-le comme un billet d'or pour un parc d'attractions cérébral rempli de surprises !

Les super-pouvoirs du TDAH c'est un peu comme si notre cerveau était un tourbillon de super-pouvoirs ! On ressemble à de véritables super-héros, avec nos forces spéciales. Chacun de nous a des pouvoirs différents, parfois, il peut être difficile pour les autres de comprendre ces super-pouvoirs, car c'est comme s'ils n'étaient pas invités à notre fête secrète.

Imagine un peu que nous organisions une fête secrète dans nos têtes, mais que seuls les super-héros TDA/H y soient invités. Les autres ne connaissent pas notre incroyable univers.

Tu sais, parfois les grandes personnes, elles ne comprennent pas trop nos super-pouvoirs du TDAH. Elles pensent qu'on est comme des éclairs qui ne tiennent pas en place. **Mais devine quoi ?** On est en réalité comme des super-héros, mais certains d'entre nous ont parfois du mal à s'asseoir tranquillement.

Quand on bouge et qu'on a des idées qui fusent comme des feux d'artifice, on peut les emmener dans notre jungle d'idées. Les grandes personnes ont parfois du mal à suivre, mais c'est parce qu'elles n'ont pas notre billet pour le parc d'attractions cérébral magique.

Mais tu sais quoi ? Nous, les super-héros du TDA/H, nous avons la chance d’avoir des guides exceptionnels pour nous aider à explorer tout notre potentiel. Ce sont des personnes super sympas, comme l'orthophoniste, le psychologue, l'ergothérapeute, et bien d'autres encore, selon nos besoins par rapport à nos pouvoirs.

Et à l'école, on peut même avoir un super mentor, une grande personne extraordinaire pour nous montrer comment devenir les super-héros les plus fantastiques qui soient. On l'appelle AESH. Avec nos super-guides et nos mentors, nous sommes prêts à vivre des aventures incroyables et à faire de grandes choses.

Chapitre 2

Boulou le petit farceur

Alors, revenons à nos super-pouvoirs !

Nos super-pouvoirs ont un allié, un copain malin, et on l'appelle **Boulou**, il adore appuyer sur les boutons de notre télécommande interne, comme s'il jouait avec nos super-pouvoirs.

Boulou est un petit farceur qui vit dans nos têtes, ceux qui ont un TDAH le possède. **Boulou** est notre propre génie personnel, avec des super-pouvoirs spéciaux qui nous rendent uniques.

Boulou peut changer d'apparence, parfois, il est bleu, d'autres fois blanc, et même parfois d'autres couleurs, juste pour nous montrer à quel point nos super-pouvoirs sont variés, tout comme les différentes formes du TDA/H."

Boulou est spécial, car il peut nous donner des super-pouvoirs incroyables.
Grâce à lui, on peut penser rapidement, trouver des idées géniales, et être super créatifs.
Boulou nous aide à être spontanés, à voir le monde sous un angle différent. On peut voir et sentir des choses que d'autres ne remarquent même pas. C'est comme si on avait des supers sens ! Parfois, on peut avoir une énergie incroyable, et ça, c'est notre super force.

Mais, d'accord, parfois, **Boulou** peut jouer des tours, comme nous faire oublier où sont nos affaires, ou ne pas nous laisser nous concentrer à l'école. Parfois, on peut dire des choses sans réfléchir, mais ça, c'est parce qu'on est tellement spontanés et honnêtes.

Alors, tu vois, on a des super-pouvoirs, mais parfois, ils ont des petits inconvénients. C'est comme être un super-héros en formation. Mais ne t'inquiète pas, on peut apprendre à maîtriser nos pouvoirs et devenir les super-héros les plus incroyables !

Boulou a un don incroyable. Il peut nous faire penser rapidement, comme si des éclairs illuminaient notre cerveau. Cela nous rend super créatif, toujours en train de trouver des idées incroyables. Il nous permet d'être spontanés, de voir le monde sous un angle différent des autres, et de ressentir des émotions avec une intensité incroyable. C'est comme si nous avions des super sens !

Mais, tu sais, Boulou est aussi un farceur. Parfois, il décide de jouer des tours, comme quand on perd nos objets ou qu'on oublie ou n'entend pas les consignes à faire. C'est là que les choses peuvent devenir un peu plus compliquées. Alors, Boulou nous donne des super-pouvoirs, mais il nous lance aussi des défis.

Boulou déteste l'ennui ! Il est si impatient, il veut que l'on soit toujours en action. Il veut faire que des choses que nous aimons, car cela lui procure tant de plaisir. Et si jamais il n'a pas ça, il s'ennuie, il appuie sur nos boutons pour nous distraire, pour nous le faire savoir.

Des fois, on a tellement d'idées et d'envies que c'est comme si Boulou mettait le turbo ! Il veut faire plein de choses en même temps. Mais parfois, ça peut être un peu compliqué parce qu'on se retrouve à commencer tout, mais à ne rien finir. C'est un peu comme si Boulou appuyait sur tous nos boutons en même temps, et on se disperse un peu.

Heureusement, on a nos super guides, comme notre famille, qui nous aime, l'orthophoniste, le neuropsychologue, et le super psychologue, pour nous aider à apprendre comment travailler avec Boulou. Ils nous guident, nous aident et nous montrent comment utiliser nos super-pouvoirs de la meilleure façon, pour que nous puissions accomplir ce que nous voulons.

Je vais t'expliquer comment il fait Boulou le petit farceur, il adore appuyer sur les boutons de notre télécommande intérieure, comme s'il jouait avec nos super-pouvoirs.

Chapitre 3

POUVOIR JAUNE

“L’inattention”

On va nommer nos super pouvoir par des couleurs pour mieux les différencier.
Il y a le pouvoir jaune, qui est le pouvoir de faire plein de choses et de penser rapidement dans ce qui nous intéresse. C'est grâce à notre énergie débordante que ce super-pouvoir brille. C'est comme si on avait un soleil dans la tête ! ☀

Mais, il y a aussi quelques inconvénients. Parfois, on peut avoir du mal à se concentrer sur une seule chose, et on peut être un peu distrait. C'est comme si notre soleil brillait trop fort, et nos idées dansaient dans tous les sens !

"Imagine que tu sois dans un cinéma pour regarder un film super cool sur les dinosaures. C'est passionnant ! Mais voilà, Boulou, notre petit farceur, décide soudain de jouer un tour. Il commence à diffuser des extraits de films de pirates, de licornes et de voitures de course, tout en même temps !

C'est comme si toutes ces images se mélangeaient dans ton esprit. C'est drôle, mais cela peut aussi rendre un peu difficile de suivre l'histoire des dinosaures, n'est-ce pas ?

Eh bien, tu sais quoi ? De temps en temps, Boulou fait quelque chose de semblable dans nos têtes. Il veut nous montrer tellement de choses en même temps, et ça peut être un peu compliqué de se concentrer sur une seule chose. Mais ne t'inquiète pas, nous avons nos super-guides qui peuvent nous aider !

Avec un peu d'entraînement et l'aide de nos super-guides, nous pouvons apprendre à reconnaître Boulou et à lui dire de se calmer. Comme ça, nous pouvons regarder le film des dinosaures sans être distraits par les pirates et les licornes ! 🦕📽"

Chapitre 4

Pouvoir rouge

“L’hyperactivité”

Maintenant, parlons du super pouvoir rouge, qui est l'hyperactivité. C'est comme si nous avions un moteur de course rouge à l'intérieur de nous. Ce moteur ne s'arrête jamais de tourner, et il nous donne une tonne d'énergie ! On a tellement d'énergie qu'on est toujours prêts à bouger, courir, sauter.

Imagine que tu aies une voiture de course rouge super rapide. C'est comme si tu avais un bouton magique pour accélérer à toute vitesse. Parfois, Boulou, fait en sorte que ce bouton soit toujours enfoncé, et la voiture file comme une fusée. C'est notre super pouvoir rouge à l'œuvre !

Cela peut rendre un peu difficile de rester assis tranquille, comme si tu avais des ressorts dans les jambes. Tu as tellement d'énergie que parfois, tu as envie de bouger, de sauter, de danser, et de courir partout.

Mais tu sais quoi ? C'est ce qui rend tes aventures encore plus excitantes. Avec ton super pouvoir rouge, tu peux accomplir beaucoup de choses. Il suffit de trouver des moyens amusants de canaliser cette énergie et de la mettre au service de choses géniales.

Et avec l'aide de tes super-guides, comme tes parents, ou un éducateur sportif, artistique, et bien d'autres encore, tu peux apprendre à maîtriser ce moteur de course rouge pour qu'il t'aide à accomplir de grandes choses, tout en choisissant des activités qui te passionnent, sans que ta voiture dérape partout. Alors, tu deviens un super-héros hyperactif, prêt à foncer dans de nouvelles aventures à toute vitesse ! 🚀

Chapitre 5

Pouvoir bleu

"L'impulsivité"

Maintenant, explorons le super pouvoir bleu, qui est l'impulsivité. C'est un peu comme si nous avions une fusée bleue à l'intérieur de nous. Cette fusée est super rapide et prête à décoller à tout moment !

Imagine que tu aies une télécommande magique, mais parfois Boulou appuie sur les boutons, sans attendre que tu le décides. Par exemple, quand tu veux dire quelque chose ou faire quelque chose, la télécommande appuie sur les boutons de ton cerveau avant que tu n'aies eu le temps de réfléchir.

C'est comme si ta fusée bleue te propulsait en avant, avant que tu aies eu le temps de décider. Cela peut rendre un peu difficile de prendre ton temps pour réfléchir et de faire des choix réfléchis. Parfois, tu peux avoir envie de répondre à une question en classe sans attendre d'avoir la réponse parfaite, ou de jouer à un jeu sans lire les règles. C'est ce super pouvoir bleu en action !

Pourtant, avec l'aide de nos super-guides, on peut apprendre à maîtriser boulou sur notre télécommande intérieure et à décider quand appuyer sur les boutons. Cela nous permet de devenir de super-héros réfléchis et de faire des choix éclairés. Alors, même si notre fusée bleue est super rapide, on peut la diriger vers de grandes réussites et prendre le contrôle de nos décisions ! 🚀💭"

Chapitre 6

“Résumé des Super-pouvoirs”

Pour résumer tout cela, imagine que ce copain farceur, Boulou, adore appuyer sur les boutons de notre télécommande interne, comme s'il jouait à cache-cache avec nos super-pouvoirs. Chaque personne atteinte du TDAH ne possède pas les mêmes super-pouvoirs. Certaines ont le pouvoir jaune ou le rouge, d'autres ont à la fois le jaune et le rouge, et certaines ont même tous les super-pouvoirs.

Le super pouvoir jaune, la distraction, est un peu comme si Boulou changeait constamment de chaîne sur notre télécommande cérébrale. Parfois, on a du mal à se concentrer parce que Boulou fait bouger la télécommande partout.

Le super pouvoir rouge, l'hyperactivité, est comme si Boulou appuyait sur le bouton de vitesse maximale. On a tellement d'énergie que Boulou semble appuyer sur le bouton de course en permanence, nous faisant bouger partout.

Le super pouvoir bleu, l'impulsivité, ressemble à Boulou appuyant sur les boutons sans nous demander notre avis. Parfois, on dit ou fait des choses sans avoir le temps de réfléchir, tout comme quand Boulou appuie sur le bouton sans réfléchir.

Pourtant, ne t'inquiète pas ! Nous, les super-héros, nous avons la chance d'avoir nos super-guides. Certains ont un orthophoniste, d'autres un neuropsychologue, et d'autres encore plusieurs guides en fonction de leurs besoins et de leurs super-pouvoirs. Ces guides sont importants, car ils nous aident à jouer à cache-cache avec Boulou et à prendre le contrôle de cette télécommande. Avec de la pratique et de la persévérance, nous pouvons apprendre à appuyer sur les boutons de notre cerveau de manière réfléchie et devenir les super-héros les plus formidables de tous les temps ! 🚀💥

Alors voilà, les amis, c'est vraiment super d'en savoir plus sur nos super-pouvoirs TDAH. Plus on les connaît, plus on peut devenir les chefs de nos pouvoirs, les maîtres de notre propre aventure ! Parce que devine quoi ? Ces super-pouvoirs, ce sont une partie spéciale de nous, et ils font de nous des super-héros uniques.

Apprendre à se connaître, c'est comme ouvrir un trésor secret dans notre cœur. Cela signifie qu'on peut comprendre pourquoi on est génial, même si parfois, nos super-pouvoirs peuvent nous rendre frustrés ou en colère. C'est normal de se sentir fort émotionnellement de temps en temps, mais on peut apprendre à utiliser nos super-pouvoirs pour les bonnes choses.

Et devine quoi d'autre ? Il y a toute une série de livres que j'écris, remplis d'histoires et d'aventures passionnantes, mettant en scène d'autres enfants comme nous, avec des super-pouvoirs TDAH. Ces histoires vont nous montrer comment nos super-pouvoirs peuvent nous aider à relever des défis incroyables et à vivre des aventures fascinantes. On va apprendre comment ils font face à des moments difficiles, tout en grandissant heureux et forts grâce à leurs différences.

Alors, rappelez-vous, vous êtes des super-héros en devenir, avec des super-pouvoirs uniques. Et plus vous en saurez sur ces pouvoirs, plus vous deviendrez incroyables. Alors, préparez-vous pour des aventures fantastiques, car votre vie est une aventure extraordinaire, remplie de surprises, d'amour, et de super-pouvoirs ! 🚀❤"

Chapitre 7

L'histoire de KiKi

je vais te raconter l’histoire de kiki, qui ne savait pas qu’elle avait des super pouvoir

Kiki était une petite fille, une vraie boule d'énergie ! Dès le matin, elle sautillait comme un kangourou, parlait comme une fusée qui file dans le ciel, et avait toujours mille idées qui tournoyaient dans sa tête.

Kiki adorait partager toutes ses idées avec les autres, mais il y avait un petit problème : personne ne pouvait la suivre. Elle parlait tellement vite que les mots se mélangeaient, et les autres avaient du mal à la comprendre.

Kiki se sentait triste à cause de cela. Elle voulait vraiment que les autres la comprennent, mais son cerveau était comme un feu d'artifice qui explosait partout.

Les grandes personnes la grondaient souvent, car elle coupait la parole, gigotait tout le temps, elle ne tenait jamais en place, et cela la mettait souvent en colère. Kiki avait du mal à être comme les autres enfants de son âge, et elle se demandait pourquoi elle ne pouvait pas être calme et tranquille comme eux. Elle se sentait un peu perdue dans un monde dans lequel elle avait l'impression d'être incomprise.

À cause de ses colères, les gens avaient parfois l'impression qu'elle était capricieuse. Ils ne savaient pas que les cris et les pleurs de Kiki étaient en réalité une manière pour elle de montrer à quel point elle était frustrée et c'était sa manière de demander de l'aide pour exprimer ses super-pouvoirs de manière positive.

Kiki avait du mal à l'école. Elle n'avait pas la chance d'avoir quelqu'un pour l'aider à comprendre ses super-pouvoirs. Parfois, elle pensait qu'elle n'était pas intelligente, parce que c'est ce que les grandes personnes semblaient lui dire. Mais Kiki avait une passion pour certaines matières à l'école.

Elle adorait le dessin, elle se sentait comme une artiste en herbe. Quand elle avait un crayon dans la main, elle créait des mondes magiques sur le papier. Le sport était une autre de ses passions. Elle courait comme le vent et sautait comme une championne. Et devine quoi ? Elle était super forte en maths aussi. Elle résolvait des problèmes comme si c'était un jeu.

Mais dans les matières qu'elle n'aimait pas, comme l'orthographe, la grammaire ou la lecture, c'était une toute autre histoire. Elle ne voulait tout simplement pas faire ses devoirs, et cela créait beaucoup de conflits. Kiki était en colère, car elle ne comprenait pas Pourquoi devait-elle accomplir des tâches qui semblaient si difficiles et, surtout, qui ne lui plaisaient pas.

Kiki grandissait, elle est devenue adolescente, mais les grandes personnes disaient toujours qu'elle avait un mauvais caractère. Kiki, malgré son énergie débordante, était en réalité très timide, ce qui cachait un peu son TDAH. Elle avait du mal à s'exprimer et à montrer qui elle était vraiment.

Cependant, à mesure qu'elle grandissait, Kiki découvrit que les amis qu'elle avait l'acceptaient telle qu'elle était. Ils savaient qu'elle n'était pas insolente, mais simplement timide et pleine d'énergie. Ils l'appréciaient pour sa gentillesse, sa vivacité et son cœur en or. Elle aimait rendre service à ses amis, et elle ne supportait pas de les voir tristes. Elle était une excellente confidente, gardant les secrets de ses amis comme un trésor précieux.

Kiki avait développé un pouvoir merveilleux grâce à ses expériences d'enfant incomprise en raison de son TDAH, un pouvoir appelé "empathie." L'empathie, c'est comme la magie de comprendre comment quelqu'un se sent, même si tu n'as pas vécu exactement la même chose.

Par exemple, si ton ami se sent triste parce qu'il a perdu son jouet préféré, tu peux comprendre qu'il est triste parce que tu te souviens d'un moment où tu as perdu quelque chose d'important pour toi. C'est comme si tu ressentais ses émotions avec lui.

Et tu sais quoi ? L'empathie est un super-pouvoir que tout le monde peut développer, que tu aies le TDAH ou non. C'est comme une lumière spéciale que tu peux allumer en toi pour comprendre les autres et les aider quand ils en ont besoin. Chacun de nous peut devenir un super-héros de l'empathie en pratiquant cet incroyable pouvoir."

L'empathie, c'est ce qui te permet d'être un super ami et d'aider les autres à se sentir mieux. Kiki était devenue une experte en empathie, et elle utilisait ce super-pouvoir pour réconforter ses amis quand ils en avaient besoin. Elle était devenue une amie extraordinaire grâce à son empathie." 🚀❤

Kiki a grandi et est devenue une grande personne pleine d'énergie. Pour gagner sa vie, elle allait au travail, et là-bas, elle travaillait très vite. Ses collègues l'appelaient "Flash" parce qu'elle était si rapide ! En travaillant, Kiki a appris beaucoup de choses et elle a pris confiance en elle. Elle a découvert que l'école s'était trompée en lui faisant croire qu'elle n'était pas intelligente.

Grâce à sa confiance, Kiki a commencé à développer encore plus de super-pouvoirs. Elle a osé faire des choses qu'elle n'aurait jamais essayées auparavant, et devine quoi ? Elle adore ça ! Maintenant, elle a compris que quand elle fait des choses qu'elle aime, son TDA/H devient moins visible. Kiki sait maintenant que sa différence est une force, et elle utilise ses super-pouvoirs pour briller dans le monde.

Aujourd'hui, Kiki est une maman. Elle a des enfants formidables, certains d'entre eux ont un TDAH comme elle, associé à la dyslexie, HPI, et même un enfant multi-dys. Si tu ne connais pas ces troubles, elle t'invite à suivre ses livres, elle va t'expliquer tout ça. Kiki est devenue une experte sur ces sujets grâce à son expérience de vie.

Elle partage ses connaissances en écrivant des livres pour aider ceux qui ont des troubles comme elle. Kiki souhaite que tout le monde sache que la différence est une force, que nous sommes tous uniques avec nos propres super-pouvoirs à découvrir. Elle veut que chaque personne, peu importe sa différence, trouve sa place, soit respectée et soutenue.

Et voilà, Super-Ami ! C'est la fin de notre super aventure. J'espère que tu comprends maintenant que le TDAH, c'est comme avoir un super-pouvoir unique en toi.

Tu es vraiment spécial, avec des forces incroyables et des idées qui sont comme des étincelles dans ton cerveau. Parfois, tu peux te sentir un peu différent, mais c'est ça qui te rend génial.

Peu importe ce qui se passe, n'oublie jamais que tu as le pouvoir de faire de grandes choses. Tu peux surmonter les moments difficiles et accomplir tes rêves, que tu veuilles devenir un scientifique, un artiste, un explorateur ou même un super-héros dans la vie de tous les jours.

N'écoute jamais ceux qui doutent de toi. Sois fier de ce qui te rend unique, de tes super-pouvoirs et des aventures incroyables qui t'attendent. Tu es capable de tout, Super-Ami ! 🚀💫

À bientôt pour de nouvelles aventures super-héroïques !

FIN

Remerciement

Dédié à tous les Super-Amis qui possèdent des super-pouvoirs uniques. À tous les enfants TDA/H, DYS, TSA, HPI et à tous ceux qui ont d'autres super-pouvoirs exceptionnels. Votre différence est une force, et ce livre est pour vous, pour que vous appreniez à aimer vos super-pouvoirs.

Un immense merci à tous les parents, grands-parents et tuteurs qui soutiennent ces Super-Amis chaque jour. Vous êtes leurs champions, et je vous remercie de tout cœur pour votre amour et votre dévouement. Rappelez-vous, nous sommes tous des super-héros en devenir, et je crois en nous. Merci de faire briller le monde avec notre unicité !

Avec toute ma reconnaissance ***Kiki***

Printed in France by Amazon
Brétigny-sur-Orge, FR